교회, 새 가족

개혁신앙강해 11

교회, 새 가족

초판1쇄   2024년 3월 27일
발 행 일   2024년 4월 3일
지 은 이   권기현 목사
펴 낸 이   장문영
펴 낸 곳   도서출판 R&F

등   록   제 2011-03호(2011.02.18)
주   소   경북 경산시 하양읍 대학로 298길 20-9, 110동 2003호
연 락 처   054-251-8760 / 010-4056-6328
이 메 일   hangyulhome@hanmail.net
디 자 인   김진희, 송창익, 이은지, 정영광

I S B N   979-11-975069-4-9
가   격   9,000원

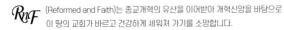

(Reformed and Faith)는 종교개혁의 유산을 이어받아 개혁신앙을 바탕으로
이 땅의 교회가 바르고 건강하게 세워져 가기를 소망합니다.

교회, 새 가족

권기현 목사

RØF

목 차

머리말

4월이 지나 5월이 되면 세상 사람들뿐 아니라 한국의 많은 교회도 이를 '가정의 달'이라 부릅니다. 아마도 어린이날, 어버이날 등이 있는 것도 그 이유 중 하나일 것입니다. 그래서 어린이주일, 어버이주일을 지정하여 여러 가지 행사를 시행하기도 합니다. 이 배경에는 혈통의 가족 개념이 은연중에 깊이 스며 있습니다.

사실 성경은 교회를 하나님의 가족이라고 가르칩니다. 하나님 아버지께서 이 가족을 계획하셨고, 예수 그리스도께서는 이 가족을 성취하셨습니다. 성령님께서는 이 가족이 역사 속에 출현하도록 적용하십니다.

그러나 오늘날 그리스도인 중 많은 이가 교회를 자신이 선택하여 출석하는 어떤 단체로 생각합니다. 그러나 만일 교회가 하나님께서 창조하신 새 가족이라면 어떨까요? 가족은 가입하는 것이 아니라 선택되는 것입니다. 단지 출석하는 단체가 아니라 함께 사는 공동체입니다. 그리스도의 몸과 피를 먹고 마시는 식사 공동체입니다. 새 아담과 연합된 운명 공동체입니다.

요한복음과 새 가족
성육신과 십자가

요 1:11~14

11 자기 땅에 오매 자기 백성이 영접지 아니하였으나

12 영접하는 자 곧 그 이름을 믿는 자들에게는 하나님의 자녀가 되는 권세를 주셨으니

13 이는 혈통으로나 육정으로나 사람의 뜻으로 나지 아니하고 오직 하나님께로서 난 자들이니라

14 말씀이 육신이 되어 우리 가운데 거하시매 우리가 그 영광을 보니 아버지의 독생자의 영광이요 은혜와 진리가 충만하더라

요 19:25~27

25 예수의 십자가 곁에는 그 모친과 이모와 글로바의 아내 마리아와 막달라 마리아가 섰는지라

26 예수께서 그 모친과 사랑하시는 제자가 곁에 섰는 것을 보시고 그 모친께 말씀하시되 여자여 보소서 아들이니이다 하시고

27 또 그 제자에게 이르시되 보라 네 어머니라 하신대 그 때부터 그 제자가 자기 집에 모시니라

제1장

요한복음과 새 가족
성육신과 십자가

출석하는 단체(?)

주일예배가 끝나면 수많은 사람이 썰물처럼 예배당을 빠져나갑니다. 바쁘게 나가는 중에 교역자들과 인사를 하고, 아는 교인들끼리 안부를 묻기도 합니다. 어떤 이들은 고개를 숙이기가 무섭게 종종걸음으로 흩어집니다. 밖에서 기다리던 다른 사람들은 그들이 비워놓은 예배당에 밀물처럼 들어와 그다음 예배에 참석하기 위해 자리에 앉습니다. 조금 후 새로운 예배가 시작됩니다. 참석자 중 서로의 이름을 잘 모르는 분들도 있습니다. 길거리나 대형마트에서 마주칠 때면 '아, 저 사람 어디서 본 것 같은데…' 하면서 서로 지나칠 때도 있습니다.

이는 오늘날 꽤 큰 규모를 가진 교회들에서 볼 수 있는 흔한 일상입니다. 큰 규모 자체가 문제가 아닙니다. 문제는 교회가 이렇게 예배에 출석하고 집으로 돌아가는 그런 공동체인가 하는 점입니다. 같은 교회에 출석하는 성도 간의 깊은 교제가 없이도 신앙생활이 가능한가 하는 점입니다.

'규모가 큰 교회를 다니다 보면, 그럴 수도 있지. 교회에 출석하는 것이 하나님을 만나러 가는 것이지 사람을 만나러 가는 것인가? 하나님께 예배하는 것이 목적이 아닌가?'

어떤 분들은 이렇게 대답할지도 모릅니다. 그러나 성경은 이런 생각을 무너뜨립니다.

구별된 공동체
구약시대에 하나님께서는 아브라함과 언약을 맺으십니

다. 그의 자손이 하늘의 별과 같이, 바다의 모래와 같이 될 것이라고 약속하십니다. 하나님께서는 정말 그 약속을 지키십니다. 그분은 애굽에서 종살이하던 이스라엘을 불러내어 시내산으로 인도하십니다. 그곳에서 언약을 체결하여 그분은 이스라엘의 하나님이 되시고, 이스라엘은 하나님의 특별한 소유, 제사장 나라, 거룩한 백성이 됩니다. 이스라엘은 언약 공동체, 즉 구약 교회로서 열국 중에 우뚝 섭니다. 바로 이 때문에 순교자 스데반은 중보자 모세의 인도를 받고 있던 그 시대 이스라엘을 가리켜 **'광야 교회'**라 부릅니다.

> "시내산에서 말하던 그 천사와 및 우리 조상들과 함께 *광야 교회*[1]에 있었고 또 생명의 도를 받아 우리에게 주던 자가 이 사람이라"(행 7:38)

하나님께서는 이스라엘 백성들을 애굽의 종살이에서 건

---

[1] "광야 교회"로 번역된 헬라어 어구 "τῇ ἐκκλησίᾳ ἐν τῇ ἐρήμῳ(테 에클레시아 엔 테 에레모)"를 직역하면, '(그) 광야 안에 있는 교회'입니다.

져내신 후에 '자, 이제부터는 각자 알아서 살아가거라'라고 하지 않으십니다. 그들을 시내산으로 데려가 한 민족, 한 공동체가 되게 하십니다. 그들에게 지정된 한 땅(가나안)을 기업으로 주십니다. 그들에게 율법을 주어 깊은 사귐이 있는 사랑의 공동체가 되게 하십니다.

"너는 네 형제를 마음으로 미워하지 말며 이웃을 인하여 죄를 당치 않도록 그를 반드시 책선하라17 원수를 갚지 말며 동포를 원망하지 말며 *이웃 사랑하기를 네 몸과 같이 하라 나는 여호와니라*18"(레 19:17~18)

이스라엘이 주위 이방 민족, 특히 가나안 족속과는 구별된 공동체가 되어야 한다고 명령하십니다.

"영원하신 하나님이 너의 처소가 되시니 그 영원하신 팔이 네 아래 있도다 그가 네 앞에서 *대적을 쫓으시며 멸하라 하시도다*27 이스라엘이 안전히 거하며 야곱의 샘은 곡식과 새 포도주의 땅에 홀로 있나니 곧 그의 하늘이 이슬을 내리는 곳에로다28 이스라엘이여 너는 행복자로다 여호와의 구원을 너같이 얻은 백성이 누구뇨 그는 너를 돕는 방패시요 너의 영광의 칼이시로다 네 대적이 네게 복종하리니 네가 그들의 높은 곳을 밟으리로다29"(신 33:27~29)

한글개역성경과 한글개역개정성경에는 28절의 "이스라엘이 안전히 거하며… 홀로 있나니"라는 두 어구가 서로 멀리 떨어져서 번역되었습니다. 이 두 어구를 붙여서 '이스라엘이 홀로 안전히 거하나니(Israel shall dwell in safety alone)'[2]라고 번역할 수도 있습니다. 이스라엘은 안전합니다. 그런데 홀로 거주함으로 안전합니다. 즉, 이스라엘이 가나안 족속들과 섞이지 않고 그들과 **구별된 공동체**로 홀로 살아야 오히려 안전하다는 뜻입니다. 모세오경의 결론부에 해당하는 이 말씀은 다음의 세 가지로 요약됩니다.

---

[2] 히브리 어구는 "וַיִּשְׁכֹּן יִשְׂרָאֵל בֶּטַח בָּדָד(와이셔콘 이스라엘 베타흐 바다드)"인데, 직역하면, '그리고 이스라엘이 홀로 안전히 거했다.'입니다. 여기서 "홀로(בָּדָד, 바다드)"라는 단어가 앞 어구로 연결되는지, 아니면 뒤 어구로 연결되는지에 따라 번역이 달라집니다.

① 27절:

이스라엘아, 가나안 족속들과 싸워 그들을 쫓아내라!

② 28절:

이스라엘아, 너는 그들과 섞이지 말고 홀로 살아라!
그래야 안전하다!

③ 29절:

이스라엘아, 그럴 때 너는 참으로 복되다!
네가 외로워 보여도 오직 여호와께서 너의 방패요
칼이시기 때문이다.

그러나 이스라엘 역사를 살펴보면 그러지 않을 때가 훨씬 많았다는 것을 우리는 잘 알고 있습니다. 여호수아가 죽은 후 사사 시대에 이스라엘은 급속히 타락합니다. 가나안 족속들과 통혼하여 그들의 문화와 종교를 받아들입니다. 사사들의 활약으로 잠시 돌이켰지만, 전반적으로는 배교와 타락이 계속됩니다. 왕국 시대에도 이러한 범죄의 양상이 반복됩니다. 경건한 왕들이 예배와 정치를 개혁했으나, 타락의 양상은 점점 더 심해집니다. 하나님께서 선지자들을 보내셨으나, 이스라엘은 돌이키지 않습니다. 선지

자들을 조롱하고 때리며, 옥에 가두고 죽입니다.

자기 땅, 자기 백성

때가 차매, 하나님께서는 이런 이스라엘 백성들에게 그분의 독생자 예수 그리스도를 보내십니다. 요한복음은 그 시작부터 이를 보여줍니다.

"자기 땅에 오매 자기 백성이 영접지 아니하였으나"(요 1:11)

여기서 "자기 땅"[3]은 지구를 가리키는 표현이 아니라 이스라엘 백성들을 가리킵니다. "자기 백성"[4] 역시 인류를 가리키는 것이 아니라 옛 언약 공동체인 이스라엘을 가리킵니다. 요한복음은 이스라엘 백성들이 그들을 위해, 그들

---

*3 "자기 땅"으로 번역된 헬라어 어구 "τὰ ἴδια(타 이디아)"를 직역하면, '자기의 것들'(중성, 복수, 대격)입니다. 문맥상 '이스라엘 백성들이 사는 땅' 또는 '이스라엘 백성들에게 주신 것들'을 의미합니다.

*4 "자기 백성"으로 번역된 헬라어 어구 "οἱ ἴδιοι(호이 이디오이)"를 직역하면 '자기의 사람들'(남성, 복수, 주격)입니다. 문맥상 '이스라엘 백성들'을 가리킵니다.

이 사는 땅에 오신 예수 그리스도마저 거절했다고 명시합니다.[5]

새 가족과 성육신

바로 그다음, 요한복음은 놀라운 복음을 선포합니다.

"*영접하는 자 곧 그 이름을 믿는 자들*에게는 하나님의 자녀가 되는 권세를 주셨으니[12] 이는 혈통으로나 육정으로나 사람의 뜻으로 나지 아니하고 오직 *하나님께로서 난 자들이니라*[13]"(요 1:12~13)

하나님께서는 예수 그리스도를 "영접하는 자", 즉 그분

---

[5] 요한복음의 특징 중 하나는 옛 언약 백성인 유대인들과 그들의 영역을 가리켜 자주 '세상(κόσμος, 코스모스)'이라고 표현한다는 점입니다. 특히 이 단어는 예수님을 믿고 따르는 자들과 구분되어 그분을 믿지 않고 끝까지 회개하기를 거절하는 유대인들과 그들의 영역을 가리키는 데 자주 사용됩니다. 이에 대해서는 C. VanderWaal, *John-Romans*, Search the Scriptures, Vol. 8 (St. Catharines, ON: Paideia, 1978), 16~18; P. J. Leithart, *A House for My Name: A Survey of the Old Testament* (Moscow, ID: Canon, 2000), 264, 256~258을 참고하십시오.

의 이름을 "믿는 자들"을 불러 하나님의 자녀로 삼으십니다. 새로운 공동체, 새로운 가족을 창조하십니다. 그런데 놀라운 사실은 이 새 가족은 "혈통"과 "육정"으로 생성되는 가족이 아니라는 점입니다. 하나님께서 창조하시는 새 가족은 혈통과 육정을 초월하는 가족입니다. 믿음의 가족입니다. 예수 그리스도를 중심으로 새롭게 형성되는 가족입니다. 이 사실은 "자기 땅", "자기 백성", 즉 아브라함의 자손이라 자처하던 유대인들에게 엄청난 충격을 안기는 소식입니다.[6] 더욱 놀라운 것은 바로 그다음 구절입니다.

"말씀이 육신이 되어 우리 가운데 거하시매 우리가 그
영광을 보니 아버지의 독생자의 영광이요 은혜와 진리

---

[6] 구약시대에는 아브라함의 혈통이면 구원을 얻고, 신약시대에는 그렇지 않다는 오해가 한국 교회 안에 팽배해 있습니다. 사도 바울은 이스라엘의 선조 아브라함조차 오직 믿음으로 의롭다 하심을 얻었다고 설명합니다(롬 4:3; 갈 3:6). 구약시대에도 혈통적 이스라엘이라는 사실 자체가 구원을 보장하지 않았습니다. 구약시대에도 오직 믿음으로 구원을 받았습니다. 구약시대에 하나님께서 혈통적 이스라엘을 중심으로 구원의 공동체를 유지하신 가장 큰 이유 중 하나는 그들에게서 구원자 예수 그리스도가 태어나도록 작정하셨기 때문입니다(참고. 롬 9:5; 갈 3:16).

가 충만하더라"(요 1:14)

놀랍게도, 요한복음은 그 시작부터 하나님의 아들 예수 그리스도께서 이 세상에 오신 목적을 밝힙니다. 그분의 이름을 믿는 자들에게 하나님의 자녀가 되는 권리를 부여하여 혈통을 초월한 새 가족을 만드는 것입니다. **교회는 단순히 출석하는 단체가 아닙니다. 새 창조를 경험한 자들이 모인 새 가족입니다.**

새 가족과 십자가

요한복음은 결론부에 가까워지면서 십자가에 달리신 예수님을 소개합니다. 예수님께서 달리신 십자가 곁에는 그분의 어머니 마리아가 여러 여인과 함께 서 있습니다.

"예수의 십자가 곁에는 그 모친과 이모와 글로바의 아내 마리아와 막달라 마리아가 섰는지라"(요 19:25)

예수님께서는 십자가 고통 가운데서도 어머니와 (사도 요한으로 추정되는) 사랑하시는 제자에게 각각 이렇게 말씀하십니다.

“여자여 보십시오.
이 사람이 어머니의 아들입니다.
사랑하는 제자야, 보라!
이분이 네 어머니다.”(참고. 요 19:26~27)

  그 제자는 예수님께서 하신 말씀을 전혀 이상히 여기거나, 무슨 뜻인지 의문을 품지 않습니다. 예수님께서 말씀하신 그때부터 어머니 마리아를 자기 집에 모시기 시작합니다.

  여러분은 이 일을 어떻게 생각하십니까? 십자가에 달리신 예수님께서는 자기 곁에서 슬피 우는 어머니 마리아를 보고서, 단순히 인간적인 정 때문에 그 제자에게 “나는 죽지만, 내 어머니를 부탁한다.”라고 말씀하셨을까요?

  그렇지 않다는 사실을 우리는 잘 압니다. 예수님의 말씀과 행동 모두는 우리의 구원을 위한 것입니다. 특히 예수님께서 십자가 위에서 하신 일곱 마디 말씀이 성경에 기록되어 있는데, 이를 ‘가상칠언(架上七言)’이라 부릅니다. 그분이 십자가에서 하신 말씀 하나하나가 다 우리의 구원을 위한 것입니다. 하나님 아버지께서 그분에게 맡기신 과업을 성취하시는 사역입니다.

　유대인 군중, 즉 "자기 땅"에 사는 "자기 백성"(요 1:11)은 예수님을 영접하기는커녕 오히려 그분을 이방인 총독(빌라도)에게 고소합니다. 그를 십자가에 못 박으라고 외칩니다(요 19:6,15). "가이사 외에는 우리에게 왕이 없나이다."라고 외치며 거짓 신앙고백서에 서명합니다(요 19:15).[7] 유대인의 왕으로 오신 그분을 가리켜 "자칭 유대인의 왕"일 뿐이라며 참 신앙고백서에 등을 돌립니다(요 19:21). 요한복음 서두에서 명시한 그대로입니다.

　"자기 땅에 오매 자기 백성이 영접지 아니하였으나"(요 1:11)

---

[7] 물론 물리적으로 서명했다는 뜻은 아닙니다. 유대인들은 하나님께서 자기들에게 보내신 왕을 거절하여 죽이기 위해, (자기들이 그토록 싫어하던) 가이사를 유일한 왕으로 고백합니다(요 19:15). 이뿐 아니라 아버지께서 보내신 참 아들을 죽이기 위해, "바라바(Βαραββᾶς)"(필자 주: '바르–아바', 즉 '아버지의 아들')라는 다른 아들을 풀어주라고 외칩니다(요 18:40). 이로써 유대인들은 자신들이 받을 심판 앞에서 그 어떤 변명할 말도 없게 되었습니다(참고. 요 3:17~18).

그러나 그것이 끝이 아닙니다. 십자가 위에서 고통당하시는 예수님께서는 놀라운 반전 카드를 준비하십니다.

"영접하는 자 곧 그 이름을 믿는 자들에게는 하나님의 자녀가 되는 권세를 주셨으니12 이는 혈통으로나 육정으로나 사람의 뜻으로 나지 아니하고 오직 하나님께로서 난 자들이니라13"(요 1:12~13)

"여자여 보십시오.
이 사람이 어머니의 아들입니다.
사랑하는 제자야, 보라.
이분이 네 어머니다."

배교한 구약 교회, 신랑이신 하나님을 버린 음녀 이스라엘에 의해 거절당하신 우리 주 예수 그리스도께서는 혈통과 육정을 초월한 새 가족을 십자가 위에서 창조하고 계십니다. 혈통으로는 가족이 아닌 두 사람이 십자가에 달린 구속자에 의해 가족이 됩니다.

"보소서 아들이니이다"

"보라 네 어머니라"

"그때부터 그 제자가 자기 집에 모시니라"

아담의 옆구리에서 인류의 첫 번째 가정을 창조하신 하나님께서는 이제 십자가에 달리신 새 아담(예수님)에게서 새 가족을 창조하십니다. 초대교회사의 가장 위대한 교부 어거스틴은 이렇게 고백합니다.

"하와는 그녀의 잠들어 있는 배우자의 옆구리에서 탄생했습니다. 그리고 교회는 사망한 그리스도에게서, 그의 옆구리에서 분출한 보혈의 신비로 탄생했습니다."[8]

---

[8] Augustinus, *Contra Faust*. XII, 8; P. L. XLII, 258. J. Danilélou, *From Shadows to Reality: Studies in the Biblical Typology of the Fathers*, trans. by Wulstan Hibberd (London: Burns & Oates, 1960), 56에서 재인용. 아담의 잠과 교회 탄생의 관련성에 대한 교부들의 해석으로는 *같은 책*, 48~56을 참고하십시오.

교회, 혈통을 초월한 새 가족

교회는 매주 예배 때만 밀물처럼 왔다가 썰물처럼 빠져나가는 그런 공동체가 아닙니다. "주일은 매주 돌아오지만, 한민족의 명절은 1년에 두 번 – 설과 추석 – 밖에 없으니 이번에는 예배 좀 빠지고 가족끼리 어디 놀러 가자"라고 말할 만한 그 정도의 공동체가 아닙니다. 피가 물보다 진하다고 했나요? 그리스도의 보혈보다 더 우리를 하나 되게 하는 것이 있다면 말해보십시오. 그분의 보혈보다 더 우리를 견고하게 결속시키는 것이 있다면 말해보십시오.

> "무릇 이스라엘 집 사람이나 그들 중에 우거하는 타국인 중에 어떤 피든지 먹는 자가 있으면 내가 그 피 먹는 사람에게 진노하여 그를 백성 중에서 끊으리니₁₀ 육체의 *생명은 피에 있음이라* 내가 이 피를 너희에게 주어 단에 뿌려 너희의 생명을 위하여 속하게 하였나니 *생명이 피에 있으므로 피가 죄를 속하느니라*₁₁"(레 17:10~11)

십자가에 달리신 그리스도의 대속의 피를 선포하는 복

음이 강단에서 샘솟아 교회를 적시고 온 세상으로 흘러나갑니다. 피를 먹는 것을 금지하신 하나님께서는 오직 예수 그리스도의 살을 먹고 그분의 피를 마시는 것만을 허용하십니다.

> "내 살을 먹고 내 피를 마시는 자는 영생을 가졌고 마지막 날에 내가 그를 다시 살리리니54 내 살은 참된 양식이요 내 피는 참된 음료로다55"(요 6:54~55)

교회, 혈통을 초월한 새 가족만이 이 거룩한 식사의 자리에 앉을 수 있습니다. 그리스도의 보혈이 우리를 새 가족으로 만들었습니다. 그분의 보혈을 믿는 믿음이 혈통의 피보다 진합니다. 세례의 물이 혈통과 육정보다 강합니다. 성찬의 떡과 포도주가 혈통의 가족끼리 먹고 마시는 식탁보다 훨씬 배부릅니다.

1. 신명기 33장 28절의 의미를 설명해 보십시오. 특히 "안전히 거하며"와 "홀로"가 어떻게 가능합니까?

2. 예수님께서 이 세상에 오신 목적이 무엇인지 요한복음 1장 11~14절을 근거로 설명해 보십시오. 그렇다면 교회는 어떤 공동체입니까?

3. 요한복음 19장 25~27절에서, 십자가에 달리신 예수님께서 어머니와 제자에게 하신 말씀은 요한복음 1장 11~14절과 어떻게 연결됩니까?

4. 혈통보다 더 우리를 결속시키는 피가 무엇입니까? 왜 그렇습니까?

5. 한 걸음 더 세례와 성찬이 '새 가족'이라는 점에서 얼마나 중요한 표(sign)인지 말해보십시오.

공관복음과 새 가족 1
나의 어머니와
나의 동생들을 보라!

마 12:46~50 | 참고. 막 3:31~35; 눅 8:19~21 |

46 예수께서 무리에게 말씀하실 때에 그 모친과 동생들
   이 예수께 말하려고 밖에 섰더니

47 한 사람이 예수께 여짜오되 보소서 당신의 모친과 동
   생들이 당신께 말하려고 밖에 섰나이다 하니

48 말하던 사람에게 대답하여 가라사대 누가 내 모친이
   며 내 동생들이냐 하시고

49 손을 내밀어 제자들을 가리켜 가라사대 나의 모친과
   나의 동생들을 보라

50 누구든지 하늘에 계신 내 아버지의 뜻대로 하는 자가
   내 형제요 자매요 모친이니라 하시더라

마 28:10

10 이에 예수께서 가라사대 무서워 말라 가서 내 형제들
   에게 갈릴리로 가라 하라 거기서 나를 보리라 하시니라

공관복음과 새 가족 1
나의 어머니와 나의 동생들을 보라!

육신의 가족을 가지신 예수님

나사렛과 가버나움에서 사실 때, 예수님께도 육신의 가족이 있었습니다. 그분이 어릴 때, 육신의 아버지 요셉이 있었습니다.[9] 어머니 마리아도 있었습니다. 물론 예수님은 동정녀의 몸에서 성령으로 잉태되셨으므로 요셉을 친아버지라 할 수는 없지만 말입니다.[10] 성경은 요셉과 마리

---

[9] 요셉이 예수님의 공생애 중에 등장하지 않는 것을 보면, 그 전에 죽었을지도 모릅니다.

[10] 비록 생물학적으로는 아닐지라도, 요셉이 예수님의 법적인 아버

아를 예수님의 "부모"라고 기록합니다(눅 2:27,41,43). 예수님께서는 십계명의 다섯 번째 말씀에 순종하셨습니다. 하늘에 계신 하나님 아버지뿐 아니라 육신의 부모에게도 순종하셨습니다.

> "예수께서 한가지로 내려가사 나사렛에 이르러 순종하
> 여 받드시더라…"(눅 2:51)

예수님께는 부모 외에도 최소한 여섯 명 이상의 동생들, 즉 형제와 누이가 있었습니다.

> "이는 그 목수의 아들이 아니냐 그 모친은 마리아, 그
> 형제들은 야고보, 요셉, 시몬, 유다라 하지 않느냐[55] 그
> 누이들은 다 우리와 함께 있지 아니하냐 그런즉 이 사
> 람의 이 모든 것이 어디서 났느뇨 하고[56]"(마 13:55~56;

지라는 사실은 매우 중요합니다. 요셉은 마태복음에서 예수님 외에 "다윗의 자손"으로 불린 유일한 사람입니다(마 1:20). 이 사실은 요셉이 예수님의 법적인 아버지이며, 그분이 다윗 왕가의 합법적인 계승자로서 구약 예언을 성취하러 오신 분임을 뒷받침합니다.

참고. 막 6:3)

이후 예수님의 동생들은 모두 또는 최소한 몇 명은 그리스도인이 되었습니다.

"여자들과 예수의 모친 마리아와 예수의 아우들로 더불어 마음을 같이하여 전혀 기도에 힘쓰니라"(행 1:14)

이 동생들 가운데 야고보와 유다는 주후 1세기 초대교회의 중요한 지도자가 되었습니다(참고. 고전 9:5). 두 사람은 각각 신약성경 중 야고보서와 유다서를 기록했습니다(약 1:1; 유 1:1). 그들은 예수님의 동생이었으나, 자신을 가리켜 "예수 그리스도의 종"이라 부르기를 주저하지 않았습니다.

"하나님과 주 예수 그리스도의 종 야고보는 흩어져 있는 열두 지파에게 문안하노라"(약 1:1)

"예수 그리스도의 종이요 야고보의 형제인 유다는 부르

심을 입은 자 곧 하나님 아버지 안에서 사랑을 얻고 예수 그리스도를 위하여 지키심을 입은 자들에게 편지하노라"(유 1:1)

특히 야고보는 부활하신 예수님을 직접 만났으며(고전 15:7), 예루살렘 초대교회의 가장 중요한 지도자 중 한 명이 되었습니다(행 12:17; 15:13; 21:18; 갈 1:19; 2:9,12).

그러나 이렇게 훌륭한 신앙인이 된 이 사람들도 처음부터 그렇지는 않았습니다.

"그 형제들이 예수께 이르되 당신의 행하는 일을 제자들도 보게 여기를 떠나 유대로 가소서3 스스로 나타나기를 구하면서 묻혀서 일하는 사람이 없나니 이 일을 행하려 하거든 자신을 세상에 나타내소서 하니4 이는 그 형제들이라도 예수를 믿지 아니함이러라5"(요 7:3~5)

"예수의 친속들[11]이 듣고 붙들러 나오니 이는 그가 미쳤다 함일러라"(막 3:21)

공생애 당시, 예수님의 동생들과 누이들은 그분이 하는 일을 이해하지 못했습니다. 이상의 모든 성경 구절에 비추어 볼 때, 그들은 아마도 예수님의 부활 이후에 비로소 그분을 구주로 믿은 것 같습니다. 예수님께서는 이렇게 불신앙에 가득한 육신의 가족에게도 오래 참으셨습니다. 그들을 참으로 사랑하셨습니다. 마침내 구주 예수 그리스도의 대속의 은혜는 그분의 육신의 가족에게도 흘러넘쳤습니다.

누가 내 어머니며, 내 동생들이냐?

그런데 이 육신의 가족이 들으면 정말 섭섭할 정도의 냉담한 말씀을 예수님께서 하신 적이 있습니다. 그분이 무리

---

* 11 한글개역성경에서 "예수의 친속들"로, 한글개역개정성경에서 "예수의 친족들"로 번역된 헬라어 "οἱ παρ᾽ αὐτοῦ(호이 파라우투)"를 직역하면, '그의 곁에 있는 자들'입니다. 그래서 예수님과 가까운 지인일 가능성도 있습니다. 그러나 이 구절이 다음 문맥인 막 3:31과 연결된다면 그분의 가족일 가능성이 가장 큽니다.

에게 말씀하실 때, 어머니 마리아와 예수님의 동생들이 찾아왔습니다(마 12:46; 막 3:31). 얼마 전, 악한 바리새인들은 그분이 귀신 들린 자를 고치신 일을 헐뜯었습니다. 귀신이 들려 그런 일을 하는 것이라 모함했습니다. 그분이 귀신의 왕 바알세불의 힘으로 그런 일을 한 것이라 공격했습니다(마 12:24; 막 3:22). 예수님의 가족 역시 그런 말을 듣고 찾아온 것 같습니다.

"예수의 친속들이 듣고 붙들러 나오니 이는 그가 미쳤다 함일러라21 예루살렘에서 내려온 서기관들은 저가 바알세불을 지폈다 하며 또 귀신의 왕을 힘입어 귀신을 쫓아낸다 하니22"(막 3:21~22; 참고. 31절)

아무리 예수님을 걱정하여 찾아왔다 하더라도 그들의 이런 행동은 불신앙에서 비롯된 것입니다. 한 사람이 예수님께 와서 그분의 어머니와 동생들이 찾아와 밖에서 기다리고 있다고 알려주었습니다. 바로 이때, 예수님께서는 상상조차 하기 힘든 말씀으로 대답하십니다.

"내 가족이 찾아와 밖에서 기다리고 있다고?

누가 내 어머니와 동생들이냐?

나를 따르는 이 제자들을 보라!

이 사람들이 내 형제, 내 누이, 내 어머니다."(참고. 마 12:48~50; 막 3:33~35; 눅 8:21)

예수님께서 하신 이 말씀을 어떻게 이해해야 합니까? 부모님께 순복하신 예수님, 불신앙으로 가득한 동생들에게 오래 참으신 예수님, 그래서 마침내 육신의 가족을 구원의 길로 이끄신 예수님께서 그들에게 이런 차가운 반응을 보인 것은 잘못된 태도가 아닙니까?

여자의 후손과 모든 산 자의 어머니

예수님의 이 말씀을 이해하기 위해 우리는 역사를 거슬러 첫 범죄의 현장인 에덴동산으로 돌아가야 합니다. 하나님께서는 범죄 한 아담과 하와를 유혹한 뱀(사탄)에게 저주를 선포하셨습니다.

"내가 너(필자 주: 뱀)로 여자와 원수가 되게 하고 너의 후손도 여자의 후손과 원수가 되게 하리니 *여자의 후손은 네 머리를 상하게 할 것이요 너는 그의 발꿈치를 상하게 할 것이니라 하시고*"(창 3:15)

이 말씀이 뱀에게는 청천벽력 같은 저주지만, 동시에 아담과 하와에게는 구원의 복음입니다. 뱀(사탄)과 한편이 되어 하나님과 원수가 된 그들이 이제 뱀과 원수가 된다는 사실은 하나님께서 그들을 다시 자기편으로 당기셨다는 뜻이기 때문입니다. 장차 "여자의 후손"이 뱀의 머리를 깨뜨려버릴 것입니다. 이 구원의 복음을 들은 아담은 자기 아내의 이름을 "하와"라고 짓습니다.

"아담이 그 아내를 *하와*라 이름하였으니 그는 모든 산 자의 어미가 됨이더라"(창 3:20)

겉으로 보기에, 아담과 하와에게서 인류가 나왔으니 "모든 산 자의 어머니"인 것이 당연하지 않겠습니까? 그러나 이 이름에는 더 깊은 의미가 있습니다. 여자의 후손이 뱀의 머리를 깨뜨리면 수많은 사람이 사망에서 생명을 얻게 될 것입니다.

아담이 아내의 이름을 "하와"라고 지은 것은 문맥상 하나님의 심판 선고(창 3:14~19)에 대한 반응입니다. "하와", 즉 '모든 산 자의 어머니'라는 이 이름은 아담의 신앙고백입니다. 하나님께서 하신 약속, 즉 **"여자의 후손"**(창 3:15)이 **최초의 복음**(원시복음)이라면 **"하와"**라는 이름은 범죄한 인간의 **최초의 신앙고백서**입니다. 새 아담이 와서 뱀에게 승리하면 하와는 그로 인해 생명을 얻는 수많은 자녀의 어머니가 될 것입니다.

하나님께서는 이스라엘의 선조 아브람과 사래에게 각각 "아브라함"과 "사라"라는 새 이름을 주심으로 다시금 이 약속을 이어가십니다.

"내가 너와 내 언약을 세우니 너는 열국의 아비가 될찌라₄ 이제 후로는 네 이름을 아브람이라 하지 아니하고 *아브라함*이라 하리니 이는 내가 너로 *열국의 아비*가 되게 함이니라₅ 내가 너로 심히 번성케 하리니 나라들이 네게로 좇아 일어나며 열왕이 네게로 좇아 나리라₆ … 하나님이 또 아브라함에게 이르시되 네 아내 사래는 이

름을 사래라 하지 말고 그 이름을 *사라*라 하라₁₅ 내가
그에게 복을 주어 그로 네게 아들을 낳아주게 하며 내
가 그에게 복을 주어 그로 *열국의 어미*가 되게 하리니
민족의 열왕이 그에게서 나리라₁₆"(창 17:4~6,15~16)

믿음의 선조 아브라함은 "열국의 아비", 즉 '**새 아담**(a
new Adam)'입니다. 사라는 "열국의 어미", 즉 '**새 하와**(a
new Eve)'입니다. 아브라함과 같은 믿음을 고백하는 모든
사람이 그의 자손이 될 것입니다(참고. 로마서 4장; 갈라디아
서 3~4장). 하나님께서는 이 약속이 이루어지기 위해 아브
라함에게 씨(자손)가 태어나야 할 것을 말씀하십니다.

"네 씨로 말미암아 천하 만민이 복을 얻으리니…"(창
22:18)

"… 네 자손을 인하여 천하 만민이 복을 받으리라"(창
26:4)

사도 바울은 천하 만민에게 복을 줄 아브라함의 씨(자손)

가 누구인지 갈라디아서에서 노골적으로 밝힙니다.

> "이 약속들은 아브라함과 그 자손에게 말씀하신 것인데 여럿을 가리켜 그 자손들이라 하지 아니하시고 오직 하나를 가리켜 네 자손이라 하셨으니 곧 그리스도라"(갈 3:16)

하나님께서 아담과 하와에게 약속하신 대로, 그리고 아브라함과 사라에게 약속하신 대로 정말 "여자의 후손"이 오셨습니다. 뱀(사탄)의 머리를 깨뜨려 많은 사람을 생명으로 인도할 그분이 정말 오셨습니다. 그분이 누구십니까? 우리 주 예수 그리스도십니다. **예수 그리스도야말로 '새 아담**(the New Adam)', **'둘째 아담**(the Second Adam)', **'마지막 아담**(the Last Adam)'이십니다(참고. 롬 5:12~21; 고전 15:45~49). 천하 만민에게 복을 줄 아브라함의 씨(자손)이십니다. 그분은 단지 혈통적 유대인들을 위해 오신 것이 아니라 아브라함의 믿음을 따르는 모든 자에게 생명을 주러 오셨습니다.

"그러므로 후사가 되는 이것이 은혜에 속하기 위하여 믿음으로 되나니 이는 그 약속을 그 모든 후손에게 굳게 하려 하심이라 율법에 속한 자에게 뿐 아니라 아브라함의 믿음에 속한 자에게도니 아브라함은 하나님 앞에서 우리 모든 사람의 조상이라"(롬 4:16)

새 가족: 나의 어머니와 나의 동생들을 보라!

이제 우리는 예수님께서 왜 육신의 가족 대신 그분의 제자들을 가리켜 자기 가족이라고 말씀하셨는지 이해할 수 있습니다. 그분은 하나님께서 아담에게 약속하신 "여자의 후손", 뱀의 머리를 깨뜨려 새 생명을 주실 구원자시기 때문입니다. 혈통적 유대인 대신 아브라함의 믿음을 따르는 천하 만민, 수많은 자손의 구주시기 때문입니다. 이 때문에 예수님께서는 가족을 새롭게 정의하십니다.

"손을 내밀어 *제자들을 가리켜 가라사대 나의 모친과 나의 동생들을 보라*49 누구든지 하늘에 계신 내 아버지의 뜻대로 하는 자가 내 형제요 자매요 모친이니라 하시더라50"(마 12:49~50)

이후에 부활하신 예수님께서는 여자들에게 나타나 이렇게 말씀하십니다.

"이에 예수께서 가라사대 무서워 말라 가서 내 형제들에게 갈릴리로 가라 하라 거기서 나를 보리라 하시니라"(마 28:10)

그런데 여자들은 예수님의 육신의 가족이 아니라 다른 사람에게 가서 이 말씀을 전해줍니다. 갈릴리로 가서 부활하신 예수님을 만난 사람들은 육신의 가족이 아니라 열한 제자(사도들)입니다.

"열한 제자가 갈릴리에 가서 예수의 명하시던 산에 이르러16 예수를 뵈옵고 경배하나…17"(마 28:16~17)

부활하신 예수님께서는 열한 제자(사도들)를 가리켜 "내 형제"라 칭하셨습니다. 오순절 이후 사도들은 말씀과 성례로 교회를 건설합니다. 예수님께서 그들에게 명령하신 바로 그대로 말입니다(참고. 마 28:19~20[12]). 그리고 '새 아담(the New Adam)'이신 예수님의 신부인 교회는 '새 하와(the new Eve)', 정말 '모든 산 자의 어머니'가 됩니다.

  "오직 위에 있는 예루살렘은 자유자니 곧 우리 어머니
  라"(갈 4:26)

  16세기 가장 위대한 개혁자 칼뱅(John Calvin)은 이렇게 고백합니다.

  "교회는 성도의 어머니입니다."

  우리는 주중에 세상에 나가 살지만, 하늘에 계신 하나님 아버지께서는 구주 예수 그리스도의 이름으로 보내신 성령으로 우리를 돌보십니다. 성령님께서는 그분의 영감

---

*12 예수님의 지상대명령(the Great Commission)으로 널리 알려진
  이 말씀이 길거리 전도 명령이 아니라 말씀과 성례로 교회를 건
  설하라는 명령이라는 점에 대해서는 권기현, 『선교, 교회의 사명:
  성경적인 선교를 생각하다』(경북: R&F, 2012), 14~28을 참고
  하십시오.

으로 기록된 성경 말씀으로 우리를 인도하십니다. 그리
고 마침내 우리는 주일에 어머니 품으로 돌아옵니다. 우
리 엄마는 따뜻한 사랑으로 우리를 돌보고 양육합니다. 목
사의 설교, 장로의 보호와 양육, 집사의 위로를 통해 젖을
먹이고, 옷을 입히고, 눈물을 닦아 주며 그 품으로 안아줍
니다. 성도, 물과 성령으로 다시 태어난 새 가족이 우리를
맞아주며 함께 그리스도를 먹고 마십니다.

"아빠!
멀리 달아나 허랑방탕한 이 탕자가 돌아왔습니다.
용서해주세요."

"엄마!
배가 고파요.
목도 말라요.
떡과 포도주를 주세요.
그리고 안아주세요."

1. 예수님의 육신의 가족은 몇 명 정도 있었는지, 그리고 그들은 어떤 사람인지 설명해 보십시오.

2. 예수님의 가족이 그분을 찾아온 이유가 무엇입니까? 그 사실을 어떻게 알 수 있습니까?

3. 밖에 가족이 찾아왔는데도, 예수님께서는 누가 그분의 형제, 자매, 어머니라고 말씀하셨습니까?

4. 하나님께서 아담에게 주신 약속이 무엇입니까? 그 말씀에 대한 아담의 반응이 무엇이며, 그 의미가 무엇입니까?

5. "아브라함"과 "사라"라는 이름에 담긴 의미가 무엇입니까? 그 이름은 인류의 조상인 아담과 모든 산 자들의 어머니인 하와와 관련하여 어떤 유사점이 있습니까?

6. 하나님께서 아담과 아브라함에게 각각 약속하신 (뱀의 머리를 상하게 할) "여자의 후손"과 (천하 만민이 그로 인하여 복을 얻을) "씨(자손)"는 궁극적으로 누구를 가리킵니까?

7. 혈통적 유대인이 아니라 모든 그리스도인이 아브라함의 자손인 이유가 무엇입니까?

8. 부활하신 예수님께서 말씀하신 "내 형제들"은 마태복음 28장 문맥에서 누구를 가리킵니까?

9. 교회는 어떤 의미에서 '새 하와'입니까?

10. 16세기 개혁자 칼뱅은 교회를 무엇이라 불렀습니까? 그 이유가 무엇입니까?

11. 한 걸음 더 교회를 '어머니'라고 생각하며 살고 있습니까? 그렇다면 매 주일 공예배와 교회의 공적 모임을 어떻게 생각해야겠습니까? 교회의 구성원들을 어떤 존재로 생각해야겠습니까?

제3장

공관복음과 새 가족 2
백 배나 받으리라!

막 10:29~30 | 참고. 마 19:29~30; 눅 18:29~30 |

29 예수께서 가라사대 내가 진실로 너희에게 이르노니
   나와 및 복음을 위하여 집이나 형제나 자매나 어미나
   아비나 자식이나 전토를 버린 자는
30 금세에 있어 집과 형제와 자매와 모친과 자식과 전토
   를 백 배나 받되 핍박을 겸하여 받고 내세에 영생을
   받지 못할 자가 없느니라

공관복음과 새 가족 2
백 배나 받으리라!

돈을 섬긴 부자 청년

한 부자 청년이 예수님을 찾아와 질문합니다.

"선한 선생님!
제가 영생을 얻으려면 무엇을 해야 합니까?"(막 10:17:
참고. 마 19:16: 눅 18:18)

예수님께서는 그에게 십계명 중 몇 가지를 열거하시면
서 그것을 지키라고 대답하십니다(막 10:19). 그러자 그 청년이 예수님께 다시 아룁니다.

"그 계명들은 제가 어려서부터 다 지켜왔습니다.
이것으로도 부족한가요?"(막 10:20; 참고. 마 19:20)

예수님께서 그에게 대답하십니다.

"당신에게 아직도 한 가지 부족한 것이 있소.
가진 것을 다 팔아 가난한 자들에게 주시오.
그리고 나를 따르시오."(막 10:21)

이 청년은 도저히 그것만큼은 이행할 수 없었습니다. 그
는 큰 부자이며, 재물을 포기할 수는 없었기 때문입니다.
그래서 슬퍼하고 근심하면서 예수님을 떠납니다(막 10:22).
이 청년은 오늘날 꽤 많은 교회가 원하는 교인상입니다.
첫째, 그는 영생에 대한 진지하고도 깊은 관심을 가졌습니
다. 둘째, 그는 최대한 하나님의 말씀을 지키려고 노력했
습니다. 그는 부모를 공경했으며, 살인이나 간음 또는 도
둑질을 하지 않았습니다. 거짓 증언조차 한 일이 없었습니

다. 항상 이웃을 선대(善待)하려고 노력했습니다. 셋째, 그런데도 그는 자신이 부족하다고 생각했습니다. 아마도 그는 회당에 열심히 출석했을 것입니다. 자신의 모든 재물을 포기하지 않았을 뿐이지 나름대로는 다른 이보다 더 많은 헌금도 바쳤을 것입니다. 그가 하지 못한 것은 단 하나입니다. 자기 재산 전부를 포기하고 예수님을 따르는 것, 단지 그것뿐입니다. 그 일만은 할 수 없었습니다. 요즘 이런 청년이 교회에 있으면 목사님과 직분자, 교인 대다수가 교회에 보탬이 된다며 좋아하지 않을까요?

그러나 성경의 내용과 문맥으로 볼 때, 이 부자 청년은 하나님 나라에서 상급을 적게 받는 사람이 아닙니다. 그는 믿음이 없는 사람입니다. 그는 구원받지 못한 사람입니다.

첫 번째 질문부터 문제였습니다. 부자 청년은 예수님을 '주님'으로 부르는 대신 "선한 선생님"(막 10:17)이라고 부릅니다. 물론 예수님을 대적한 바리새인과 서기관들에 비하면 훨씬 낫습니다. 그러나 그에게 예수님은 믿음의 대상이 아니라 배움의 대상일 뿐입니다.

또한, 부자 청년은 무언가를 해야 영생을 얻는 줄 생각합니다. 자신의 행위로 영생을 얻지 못한다는 사실을 깨달지 못했습니다. 예수님께서는 그에게 십계명으로 대답하셨습니다. 사실 십계명은 율법 중 가장 중요한 열 개의 계명이 아니라 율법 전체의 요약입니다. 즉, 율법의 압축파일과도 같습니다. 행위로 구원에 이르고자 하는 자는 율법의 모든 요구를 이행해야 합니다. 그러나 그는 실제로 행하지도 못하고 오히려 율법의 저주 아래 있게 될 것입니다(갈 3:10~12). 우리는 모두 죄의 본성을 가지고 태어난 죄인이기 때문입니다. 예수님의 대답을 들은 부자 청년은 이렇게 아뢰어야 했습니다.

"주님, 저는 율법의 요구를 도무지 행할 수 없는 비참한 죄인입니다."(참고. 롬 3:19~20)

그러나 부자 청년은 자신이 이 율법들을 다 지켜 행했다고 대답했습니다. 예수님께서는 그 청년이 마음속 깊은 곳에서부터 섬기고 있는 신(神)이 무엇인지 아셨습니다. 그 청년은 돈을 섬기고 있었습니다. 예수님께서 하신 말씀은 누구든지 자기 모든 재산을 다 팔아 가난한 자들에게 나눠 주면 구원을 얻는다는 뜻이 아닙니다. 이 부자 청년이 정말 사랑하고 섬기는 대상을 정확하게 간파하셨기 때문에 이를 지적하신 것입니다. 부자 청년은 자신이 섬기는 신을 버리지 못했습니다. 그러니 예수님을 선택할 수도 없었습니다.

모든 것을 포기한 자들에게 주신 약속

부자 청년이 돌아가자 예수님께서는 부자가 천국에 들어가는 것이 얼마나 어려운지 말씀하십니다.

"부자가 하나님의 나라에 들어가는 것이 얼마나 어려운지 아십니까?
차라리 낙타가 바늘귀로 들어가는 것이 그보다 더 쉽습니다."(막 10:23~25)

예수님의 제자들은 깜짝 놀랐습니다.

"그러면 도대체 구원받을 사람이 누가 있겠습니까?"(막 10:26)

예수님께서는 이렇게 대답하셨습니다.

"그러기에 사람의 힘으로는 안 됩니다.
이런 일은 오직 하나님만이 하실 수 있습니다."(막 10:27)

여기서 자기의 행위로 구원에 이르려 하는 부자 청년과
예수님의 차이가 극명하게 드러납니다. 구원은 하나님의
전적이며 일방적인 사역입니다. 그분이 주시는 값없는 은
혜입니다. 하나님의 능력으로 발생하는 기적입니다.
바로 그때 베드로는 의문이 생겼습니다.

"저 부자 청년과는 달리, 우리는 모든 것을 다 버리고
주님을 좇았습니다. 그러면 우리가 얻을 것은 무엇입니
까?"(막 10:28)

예수님께서는 간명한, 그러나 정말 이해하기 힘든 대답
을 해주셨습니다.

"예수께서 가라사대 내가 진실로 너희에게 이르노니 나

와 및 복음을 위하여 집이나 형제나 자매나 어미나 아비나 자식이나 전토를 버린 자는[29] 금세에 있어 집과 형제와 자매와 모친과 자식과 전토를 백 배나 받되 핍박을 겸하여 받고 내세에 영생을 받지 못할 자가 없느니라[30]"(막 10:29~30; 참고. 마 19:29; 눅 18:29~30)

버리면 안 되는 것을 버리라니?

우리는 이 구절을 단순히 헌금이나 헌신으로 연결하기 쉽습니다. 그리하면 하나님께서 돈이나 건강, 또는 다른 좋은 것으로 보상해주신다는 생각입니다. 그러나 이 말씀은 그렇게 호락호락한 내용이 아닙니다. 이 말씀을 이해하기 어려운 이유 중 하나는 하나님께서 구약시대에 주신 말씀과 충돌하는 것처럼 보이기 때문입니다. 예수님과 복음을 위하여 버려야 할 것들을 찬찬히 살펴보십시오. 모두 이스라엘 백성들이 절대 버려서는 안 되는 것들입니다. 이 말씀을 21세기 대한민국의 사고로 이해하려 해서는 안 됩니다. 이것들은 모두 구약시대에 하나님께서 이스라엘 백성들에게 주신 약속입니다. 집, 형제, 자매, 어머니, 아버지, 자식, 전토 말입니다. 이를 다음의 두 가지로 요약할 수 있습니다.

① 땅(기업): 집, 전토
② 씨(백성): 형제, 자매, 어머니, 아버지, 자식

즉, '땅'과 '씨'입니다. 이것이 무엇입니까? 하나님께서
이스라엘의 선조 아브라함에게 약속하신 내용입니다.

"롯이 아브람을 떠난 후에 여호와께서 아브람에게 이
르시되 너는 눈을 들어 너 있는 곳에서 동서남북을 바
라보라14 보이는 땅을 내가 너와 네 *자손*에게 주리니 영
원히 이르리라15 내가 네 *자손*으로 땅의 티끌 같게 하리
니 사람이 땅의 티끌을 능히 셀 수 있을찐대 네 *자손*도
세리라16 너는 일어나 그 땅을 종과 횡으로 행하여 보라
내가 그것을 네게 주리라17"(창 13:14~17)

이 본문에서의 **"땅"**은 대한민국에 있는 부동산이나 집이
아닙니다. 하나님께서 기업으로 주신 **가나안 땅**과 그에 부
속하는 모든 터전을 가리킵니다. 예수님께서는 그분과 복

음을 위해 이것을 버려야 한다고 말씀하십니다. 그뿐 아닙니다. 이 본문에서의 **"자손"**(직역하면 '씨')은 대한민국 국민을 가리키지 않습니다. 언약 공동체인 **이스라엘**을 가리킵니다. 이스라엘은 구약 교회입니다. 예수님께서는 그분과 복음을 위해 이것들을 버려야 한다고 말씀하신 것입니다. 이스라엘을 버리라고요? 기업의 땅을 버리라고요? 이는 율법에서 절대 금지하는 행위입니다. 구약성경의 관점에서 보자면, 이 둘을 버리는 것은 일종의 배교 행위입니다. 이스라엘이기를 포기하는 것과 같습니다.

"세계가 다 내게 속하였나니 너희가 내 말을 잘 듣고 내 언약을 지키면 너희는 열국 중에서 내 소유가 되겠고5 너희가 내게 대하여 제사장 나라가 되며 거룩한 백성이 되리라 너는 이 말을 이스라엘 자손에게 고할찌니라6"(출 19:5~6)

"토지를 영영히 팔지 말 것은 토지는 다 내 것임이라 너희는 나그네요 우거하는 자로서 나와 함께 있느니라"(레 25:23)

"너는 너의 하나님 여호와의 성민이라 여호와께서 지상 만민 중에서 너를 택하여 자기의 기업의 백성을 삼으셨느니라"(신 14:2)

백 배를 준다고? 언제?

그런데 예수님께서는 그분과 복음을 위해 이 땅(기업)과 씨(백성)를 버리면 백 배로 갚아주시겠다고 약속하십니다. 그런데 문제는 '언제'입니다.

"금세에 있어 집과 형제와 자매와 모친과 자식과 전토를 백 배나 받되…"(막 10:30)

여기서 "금세에 있어"[13]라는 표현을 헬라어 그대로 직역하면, '바로 지금(now in this time)' 또는 '지금 바로 이때'입니다. 단순히 '죽기 전까지 살아 있는 동안 언젠가'라는 뜻이 아닙니다. 좀 더 노골적으로 표현하자면, **예수님과**

---

[13] 한글개역개정성경에는 "현세에 있어"로 번역되었습니다. 여기에 해당하는 헬라어 어구는 "νῦν ἐν τῷ καιρῷ τούτῳ(뉜 엔 토 카이로 투토)"입니다.

복음을 위해 기업의 땅과 이스라엘 백성을 버리는 '바로 그때', '지금'이라는 뜻입니다. 도대체 이것이 말이나 됩니까?

이뿐 아니라 예수님께서 약속하신 내용 역시 납득하기 쉽지 않습니다. 집을 버릴 때, 백 채의 집을 보상으로 받는다면 누가 싫어하겠습니까? 그러나 어머니를 버리면 백 명의 어머니가 생긴다고요? 형제를 버리면 무려 백 배나 되는 형제가 생긴다고요? 그럼 누가 그 사람들을 먹여 살립니까? 그러니 그 시점이나 내용에 있어서 양쪽 모두 여간 어려운 문제가 아닙니다.

교회: 새 이스라엘, 새 기업

그러나 우리는 예수님께서 하신 말씀 가운데 한 가지 중요한 실마리가 있다는 사실을 놓치지 말아야 합니다.

"… 핍박을 겸하여 받고…"(막 10:30)

예수님과 복음을 위해 이스라엘 백성들과 기업의 땅을 버린 자는 '바로 그 순간', "백 배"나 되는 보상을 받습니다.

그러나 "핍박"과 함께 받습니다. 이것이 무엇을 의미하겠습니까?

이에 대해서는 예수님의 공생애를 보면 쉽게 알 수 있습니다. 누가 예수님을 고소했습니까? 누가 그분을 십자가에 못 박히게 했습니까? 구약 교회, 언약 공동체를 자처한 유대인들입니다. 예수님께서 어디서 쫓겨나셨습니까? 하나님의 거룩한 도성 예루살렘에서 쫓겨나 골고다 언덕에 오르셨습니다. "제1장. 요한복음과 새 가족: 성육신과 십자가"에서 이미 살핀 바와 같이, 그분은 "자기 땅"에서, "자기 백성"에게 거절당하셨습니다(요 1:11). 핍박을 받아 이스라엘 백성들에게 거절당하시고, 자기 땅에서 쫓겨나신 분은 바로 우리 주 예수 그리스도십니다.

그분을 따르기 원하는 제자들은 그분이 걸어가신 길을 자신들도 걸어가야 합니다. 그래서 제자들은 성전과 회당에서 출교당할 것입니다(참고. 요 16:2). 이스라엘 백성들에게 멸시를 당하고, 채찍에 맞고, 가정에서도 쫓겨날 것입니다(참고. 마 10:16~23,34~39; 막 13:9~13; 눅 12:51~53; 21:12~17).

'죽기 전까지 살아 있는 동안 언젠가'가 아닌 바로 그때,

예수님과 복음 때문에 동족인 이스라엘 백성에게 핍박을 받아 기업의 땅과 가정에서 쫓겨나는 바로 그때, 그 사람은 백 배나 되는 새 가족, 새 기업을 보상으로 받을 것입니다. 그것이 무엇입니까? 교회입니다. 이것이 가능한 이유는 **교회야말로 혈통을 초월한 새 가족**(new family), **새 이스라엘**(new Israel), **새 기업**(new inheritance)이기 때문입니다.

숨은그림찾기: 백 배로 받지 않는 단 하나

그런데 예수님께서는 버려야 할 것과 백 배로 주시는 것 사이에 의도적으로 단 한 개의 단어를 제외하십니다. 29절과 30절을 비교해보면, 버리는 것 중에서 단 한 가지만큼은 백 배로 주시겠다고 약속하지 않으십니다. 여러분도 눈을 크게 뜨고 그것이 무엇인지 한 번 찾아보십시오.

"예수께서 가라사대 내가 진실로 너희에게 이르노니 나와 및 복음을 위하여 집이나 형제나 자매나 어미나 아비나 자식이나 전토를 버린 자는29 금세에 있어 집과 형제와 자매와 모친과 자식과 전토를 백 배나 받되 핍박

을 겸하여 받고 내세에 영생을 받지 못할 자가 없느니라30"(막 10:29~30)

이제 아시겠습니까? 정답은 "아비"입니다. 예수님과 복음을 위해 아버지를 버린 자, 즉 핍박을 받아 육신의 아버지에게 버림을 받은 자는 백 명의 아버지를 보상으로 받지 않습니다. 복음을 듣고 예수님을 고백하여 교회의 지체가 된 사람은 온갖 핍박을 받을 것입니다. 성전과 회당에서 출교당할 것입니다. 자기 땅에서 쫓겨날 것입니다. 자기 동족 유대인들이 그 사람을 이방인 집권자들에게 끌고 가며 매질할 것입니다. 육신의 가족에게도 버림을 받을 것입니다. 그 대신, 그 사람에게는 새로운 가족이 생깁니다. 그는 어머니도, 형제도, 자매도, 자식도 백 배로 받습니다. **교회가 바로 새 가족입니다.** 그러나 그 사람은 아버지만큼은 결코 백 배로 받지 않습니다. 왜 그럴까요? 예수님께서는 왜 '아버지'를 백 배의 보상에서 제외하셨을까요?

그 사람은 백 명의 아버지 대신 오직 단 한 분, 예수 그리스도의 아버지, 하늘에 계신 하나님 아버지를 받을 것이기 때문입니다.

"그러나 너희는 랍비라 칭함을 받지 말라 너희 선생은 하나이요 *너희는 다 형제니라*8 땅에 있는 자를 아비라 하지 말라 *너희 아버지는 하나이시니 곧 하늘에 계신 자시니라*9 또한 지도자라 칭함을 받지 말라 *너희 지도자는 하나이니 곧 그리스도니라*10"(마 23:8~10)

예수님께서 이 땅에 오신 목적이 바로 이것입니다. 예수님의 아버지 하나님이 우리의 아버지가 되게 하시기 위해서입니다. 예수님께서 친히 우리의 지도자 그리스도가 되심으로 이 새로운 관계가 가능해졌습니다. 그 결과, 우리는 모두 형제와 자매, 즉 새 가족이 되었습니다. 이 때문에 우리는 예수 그리스도의 아버지를 향해 "하늘에 계신 우리 아버지여!"(마 6:9)라고 부르는 특권을 누립니다. 백명의 아버지가 아닌 단 한 분의 아버지를 주시기 때문에 **교회는 그 구성원이 아무리 많아진다 해도 오직 한 분 아버지를 모시는 단 하나뿐인 가정입니다.** 이런 이유로, 우리는 니케아신조에서 이렇게 고백합니다.

"우리는 *하나의(one)* 거룩하고 사도적인 공교회를 믿습니다."

"몸(필자 주: 교회)이 하나이요 성령이 하나이니 이와 같이
너희가 부르심의 한 소망 안에서 부르심을 입었느니
라4 주도 하나이요 믿음도 하나이요 세례도 하나이요
5 하나님도 하나이시니 곧 만유의 아버지시라 만유 위에
계시고 만유를 통일하시고 만유 가운데 계시도다6"(엡
4:4~6)

1. 부자 청년은 어떤 점에서 예수님의 말씀을 이해하지 못했습니까? 부자 청년이 예수님을 떠난 결정적인 이유가 무엇입니까?

2. "하나님으로서는 다 하실 수 있느니라"(막 10:27)는 말씀 속에는 구원과 관련하여 어떤 원리가 내포되어 있습니까? 이 말씀은 "내가 어려서부터 다 지키었나이다"(막 10:20)라는 말씀과 어떻게 대조됩니까?

3. 예수님과 복음을 위하여 버려야 하는 것들이 무엇입니까? 그것들을 버리는 것이 이스라엘 백성에게는 왜 문제가 됩니까?

4. "금세에 있어"라는 표현의 의미가 무엇입니까?

5. "백 배나 받되"라는 말의 의미가 무엇입니까? 어떻게 "금세"에 "백 배"나 받는 것이 가능합니까?

6. "핍박을 겸하여 받고"라는 말의 의미가 무엇입니까? 사도행전에서 그 실례를 말해보십시오.

7. 백 배로 보상받지 않는 단 하나가 무엇(누구)입니까? 그것이 의미
   하는 바가 무엇입니까?

8. **한 걸음 더** 수많은 지역 교회들이 있으나, "우리는 한 교회를 믿
   습니다."라고 고백할 수 있는 이유가 무엇입니까? 그렇다면 같은
   믿음을 가진 다른 교회, 그리고 다른 지역과 다른 국가에 있는 교
   회에 대해 어떤 태도를 가져야겠습니까?

9. **한 걸음 더** "핍박을 겸하여 받고"라는 말씀이 참되다면, 헌법에
   종교의 자유가 보장된 나라에서, 그리고 기독교 가정에서 자란
   사람도 예외가 아닐 것입니다. 오늘날 예수님과 복음을 위하여
   자신이 어떤 핍박을 받고 있는지 서로 말해보십시오.

10. **한 걸음 더** 교회가 한 아버지와 한 주님을 모신 성령 공동체인 새
    가족이라는 사실을 정말 받아들이고 있습니까? 이와 관련하여,
    실제 교회 생활 가운데 자신에게 어떤 실질이 나타나고 있는지
    서로 말해보십시오.

서신서와 새 가족
사랑과 권위와 질서

딤전 5:1~2,17

1 늙은이를 꾸짖지 말고 권하되 아비에게 하듯 하며 젊
은이를 형제에게 하듯 하고

2 늙은 여자를 어미에게 하듯 하며 젊은 여자를 일절 깨
끗함으로 자매에게 하듯 하라

17 잘 다스리는 장로들을 배나 존경할 자로 알되 말씀과
가르침에 수고하는 이들을 더할 것이니라

고전 14:40

40 모든 것을 적당하게 하고 질서대로 하라

제4장

서신서와 새 가족
사랑과 권위와 질서

우리는 이제까지 복음서를 중심으로 교회가 혈통을 초월한 새 가족이라는 사실을 배웠습니다. 예수님께서 이렇게 가르치셨다면 그분이 승천하신 이후에도 이러한 가르침이 계속되었을까요? 우리는 여러 서신서를 통해 그 사실을 쉽게 확인할 수 있습니다.

사도 바울의 가르침과 새 가족

사도 바울은 혈통으로는 디모데의 아버지가 아닙니다. 그런데도 그는 디모데를 "내 아들"이라고 부릅니다.

"내 아들아 그러므로 네가 그리스도 예수 안에 있는 은
혜 속에서 강하고"(딤후 2:1)

목회자요 선교사인 디모데와 디도를 "형제"라고 부릅니
다.[14]

"내가 *내* 형제 디도를 만나지 못하므로 내 심령이 편치
못하여 저희를 작별하고 마게도냐로 갔노라"(고후 2:13)

"하나님의 뜻으로 말미암아 그리스도 예수의 사도 된
바울과 형제 디모데는"(골 1:1; 참고. 고후 1:1; 살전 3:2; 몬 1:1)

심지어 사도 바울은 주인 빌레몬[15]의 재산을 축내고 도

---

[14] 복음을 가르치고 배웠다는 점에서, 디모데는 바울의 영적인 아들
입니다. 사도와 그의 동역자라는 점에서 디도와 디모데는 바울의
형제이며 수신자들의 형제입니다.

[15] 원래 오네시모의 주인이었으며, 당시 골로새교회의 목회자였습
니다. 사도 바울이 골로새서와 빌레몬서를 함께 동봉하여 보냈으
며, 빌레몬서가 공교회적 내용을 담고 있다는 점에 대해서는 권
기현, 『예배 중에 찾아오시는 우리 하나님: 성경적인 공예배에 관한
몇 가지 묵상』(경북: R&F, 2019), 116~122를 참고하십시오.

망친 노예 출신 그리스도인 오네시모를 "아들"이라고 소
개합니다.

> "갇힌 중에서 낳은 아들 오네시모를 위하여 네게 간구
> 하노라"(몬 1:10)

여기서 더 나아가 그는 빌레몬이 오네시모를 이제 노예
가 아닌 가족으로 여기도록 권면합니다.

> "이후로는 종과 같이 아니하고 종에서 뛰어나 곧 *사랑
> 받는 형제*로 둘 자라 내게 특별히 그러하거든 하물며 육
> 신과 주 안에서 상관된 네게랴"(몬 1:16)

이뿐 아니라 고린도교회, 갈라디아교회, 에베소교회, 데
살로니가교회를 향해서도 혈통을 초월한 새 가족의 원리
를 적용합니다. 바울서신의 수신자들은 바울이 복음으로
낳은 자녀들입니다.

> "내가 너희를 부끄럽게 하려고 이것을 쓰는 것이 아니라

오직 너희를 *내 사랑하는 자녀*같이 권하려 하는 것이라 14 그리스도 안에서 일만 스승이 있으되 *아비는* 많지 아니하니 그리스도 예수 안에서 *복음으로써 내가 너희를 낳았음이라*15"(고전 4:14~15)

"내가 *자녀*에게 말하듯 하노니 보답하는 양으로 너희도 마음을 넓히라"(고후 6:13)

"*나의 자녀들아* 너희 속에 그리스도의 형상이 이루기까지 다시 너희를 위하여 *해산하는* 수고를 하노니"(갈 4:19)

"너희도 아는 바와 같이 우리가 너희 각 사람에게 *아비가 자기 자녀에게* 하듯 권면하고 위로하고 경계하노니"(살전 2:11)

이뿐 아닙니다. 바울은 갈라디아 지역의 여러 교회가 세상 사람들에게도 선을 행해야 하지만, 특히 믿음의 가정에는 더욱 그리하라고 강조합니다. 교회는 믿음으로 하나 된 새 가족입니다.

> "그러므로 우리는 기회 있는 대로 모든 이에게 착한 일
> 을 하되 더욱 믿음의 가정들[16]에게 할찌니라"(갈 6:10)

사도 베드로와 요한의 가르침과 새 가족

베드로 역시 혈통의 아들이 아닌 마가를 향해 "내 아들"
이라고 호칭합니다.

> "함께 택하심을 받은 바벨론에 있는 교회가 너희에게
> 문안하고 *내 아들 마가도* 그리하느니라"(벧전 5:13)

사도 요한은 수신자 교회 성도를 "나의 자녀들"이라 부
릅니다.

---

[16] "믿음의 가정들"로 번역된 헬라어 어구는 "τοὺς οἰκείους τῆς
πίστεως(투스 오이케이우스 테스 피스튜스)"인데, 이는 '믿는 가
정에서 출석하는 교인들'이라기보다는 '믿음의 권속들', 즉 '하나
님의 새 가족인 교회의 구성원들'을 가리킨다고 보는 것이 자연스
럽습니다.

"*나의 자녀들아 내가 이것을 너희에게 씀은 너희로 죄를 범치 않게 하려 함이라 만일 누가 죄를 범하면 아버지 앞에서 우리에게 대언자가 있으니 곧 의로우신 예수 그리스도시라*"(요일 2:1; 참고. 2:12,28; 3:7,18; 4:4; 5:21)

이뿐 아닙니다. 요한은 수신자 교회를 "부녀", 그 교회 성도를 "자녀"라고 부릅니다. 또한, 수신자 교회에게 문안하는 타 지역 교회를 "자매", 그 교회 성도를 "자매의 자녀"라고 부릅니다.

"*장로는 택하심을 입은 부녀와 그의 자녀에게 편지하노니 내가 참으로 사랑하는 자요 나뿐 아니라 진리를 아는 모든 자도 그리하는 것은*₁ ··· *너의 자녀 중에 우리가 아버지께 받은 계명대로 진리에 행하는 자를 내가 보니 심히 기쁘도다*₄ *부녀여, 내가 이제 네게 구하노니 서로 사랑하자 이는 새 계명같이 네게 쓰는 것이 아니요 오직 처음부터 우리가 가진 것이라*₅ ··· *택하심을 입은 네 자매의 자녀가 네게 문안하느니라*₁₃"(요이 1:1,4~5,13; 참고. 요삼 1:4)

이상의 모든 내용은 예수님께서 가르치신 복음을 사도들이 그대로 계승했음을 보여줍니다. 예수님께서는 하나님을 아버지로 모시는 새 가족을 만드셨습니다. 그것이 바로 교회입니다. 사도들은 예수님의 가르침을 따라 새 가족의 원리를 교회에게 계속 가르치며 적용했습니다.

새 가족 안에서의 사랑과 권위와 질서

교회가 새 가족이라면 가족 간에 깊은 사랑이 있어야 하지 않겠습니까? 이뿐 아니라 권위와 질서도 있어야 하지 않겠습니까? 교회가 새 가족이라고 해서 무질서하고 권위 없는 공동체로 생각하면 안 됩니다.

장로들은 이 **새 가족을 돌보는 목자들**입니다. 바울은 감독(장로)의 직무를 설명할 때, 교회를 하나님의 가족으로 규정합니다. 장로의 덕목 중 하나는 육신의 가정을 잘 다스리는 것입니다. 육신의 가정을 잘 다스리지 못하는 사람이 어떻게 하나님의 가정인 교회를 돌보고 순종으로 이끌겠습니까?

"자기 집을 잘 다스려 자녀들로 모든 단정함으로 복종

케 하는 자라야 할찌며4 (사람이 자기 집을 다스릴 줄
알지 못하면 어찌 하나님의 교회를 돌아보리요)5"(딤전
3:4~5)

사도 베드로는 자신도 장로 중 하나라고 증언합니다. 신
약성경에는 장로들 간에 높낮이가 없습니다. 단 한 명의
장로만 제외하고 말입니다. 그는 수(首) 장로인데, 그 외의
모든 장로는 그의 권위 아래 있습니다. 그래서 그를 가리
켜 '목자장(ἀρχιποίμην[17], arch-shepherd)'이라 부릅니다. 그
분은 바로 우리 주 예수 그리스도십니다.

"너희 중 장로들에게 권하노니 나(필자 주: 사도 베드로)는 함
께 장로 된 자요 그리스도의 고난의 증인이요 나타날 영

---

[17] "목자(shepherd)"를 뜻하는 헬라어 단어 'ποίμην(포이멘)' 앞
에 접두어 'ἀρχι(아르키)'가 결합하여 '우두머리 목자'라는 뜻의
'ἀρχιποίμην(아르키포이멘)'이 된 형태입니다. 장로들이 서로 동
등하며, 예수 그리스도께서 '수(首) 장로'라는 점에 대해서는 권기
현, "제3장. 장로의 종류와 높낮이", 『장로들을 통해 찾아오시는
우리 하나님: 성경적인 장로교회 건설을 위한 몇 가지 묵상』(경
북: R&F, 2020), 59~72를 참고하십시오.

광에 참예할 자로라₁ ⋯ 그리하면 목자장*(필자 주: 예수 그리스도)*이 나타나실 때에 시들지 아니하는 영광의 면류관을 얻으리라₄"(벧전 5:1,4)

수(首) 장로는 당회실에 앉아 있지 않습니다. 그분은 하늘 보좌에 앉아 계십니다. 그분은 하나님 아버지 우편에 앉아 계시다가 어느 날 산 자들과 죽은 자들을 심판하러 강림하실 것입니다. 그러면 그분의 십자가를 통해 입양된 하나님의 새 가족은 영원한 안식에 들어갈 것입니다. 반대로, 삯꾼 목자들과 하나님의 가족을 가장하는 자들, 그리고 그분의 가족이 아닌 자들은 영원히 타는 불 못에 던져질 것입니다. 이것이 하늘에 계신 수(首) 장로께서 행하실 마지막 심방이자 권징입니다.

땅 위의 장로들이 하늘의 수(首) 장로이신 예수 그리스도의 권위 아래 순복하여 본을 보일 때, 그들 역시 큰 권위를 가집니다. 그래서 그리스도의 새 가족은 장로들을 존경해야 합니다.

"젊은 자들아 이와 같이 장로들에게 순복하고 다 서로

겸손으로 허리를 동이라 하나님이 교만한 자를 대적하시되 겸손한 자들에게는 은혜를 주시느니라"(벧전 5:5)

특히 디모데전서 5장에는 혈통을 초월한 새 가족인 교회의 사랑과 권위와 질서가 잘 나타나 있습니다.

"늙은이[18]를 꾸짖지 말고 권하되 *아비*에게 하듯 하며 젊은이를 *형제*에게 하듯 하고[1] 늙은 여자를 *어미*에게 하듯 하며 젊은 여자를 일절 깨끗함으로 *자매*에게 하듯 하라[2]"
(딤전 5:1~2)

교회 안의 연세 든 어르신에게 아버지와 어머니처럼 대해야 합니다. 교회 안의 젊은 남자와 여자에게는 형제와 자매처럼 대해야 합니다. 교회 안에는 혈통을 넘어선 가족의 사랑이 있습니다. 그런데 사도 바울은 이 원리를 직분

---

[18] 여기에 사용된 단어는 "장로(presbyter)"를 뜻하는 '프레스뷔테로스(πρεσβύτερος)'의 단수, 여격입니다. 그러나 1~2절의 내용으로 봐서 이는 직분자인 장로보다는 교회의 연세 든 어른을 의미하는 것으로 보입니다.

자에 대한 태도로 확장합니다.

"잘 다스리는 장로들을 배나 존경할 자로 알되 말씀과
가르침에 수고하는 이들을 더할 것이니라"(딤전 5:17)

"잘 다스리는 장로들"은 혈통을 초월한 새 가족인 교회
를 아버지와 같이 양육하는 직무[19]를 맡았으므로 배나 존

---

[19] 장로들의 핵심 사역인 '권징'은 헬라어 명사와 동사인 'παιδεία
(파이데이아)'(딤후 3:16; 참고. 엡 6:4; 히 12:5,7,8,11)와
'παιδεύω(파이듀오)'(딤전 1:20; 딤후 2:25; 참고. 눅 23:16,22;
행 7:22; 22:3; 고전 11:32; 고후 6:9; 딛 2:12; 히 12:6,7,10;
계 3:19)에서 왔습니다. 이 두 단어는 모두 '어린아이(children)'
를 뜻하는 헬라어 명사 'παιδίον(파이디온)'과 같은 어근인
데, '어린아이를 성장시키기 위한 훈육(instruction/training/
education/discipline as bringing up a child guiding him
toward maturity)'을 의미합니다. '권징'을 나타내는 영어 단어
'discipline' 역시 '제자'를 뜻하는 'disciple'과 관계있습니다. 즉,
'(제자로) 훈육/양육하다'라는 뜻으로 단순히 벌을 주는 것 이상
입니다. 장로들은 어린아이와 같은 새 가족을 양육하는 중차대한
직무를 위임받았습니다. 장로들의 직무와 사역에 대한 좀 더 상
세한 설명으로는 권기현, 『장로들을 통해 찾아오시는 우리 하나
님: 성경적인 장로교회 건설을 위한 몇 가지 묵상』을 참고하십시
오.

경받아야 합니다.[20] 그리고 "말씀과 가르침에 수고하는 이들(필자 주: 가르치는 장로)", 즉 목사들은 가장 큰 존경을 받아야 합니다.[21] 그들은 하나님의 말씀으로 혈통을 초월한 가족을 출산하는 직무를 맡고 있기 때문입니다. 하나님의 새 가족은 말씀으로 태어나며, 은혜의 방편 – 말씀(설교), 성례, 기도 – 을 통해 성장합니다. 이 직무를 맡은 사람들이 바로 목사와 장로들이므로 우리는 그들을 존경해야 합니다.

"문: 그리스도께서 우리에게 구속의 은덕을 전달하시는 외적이고 통상적인 방편은 무엇입니까?

답: 그리스도께서 그분의 교회에 그분의 중보의 은덕을 전달하는 외적이고 통상적인 방편들은 그분의 모든 규례들, 특히 말씀과 성례와 기도입니다. 이

---

* 20 물론 수학적인 수치라기보다는 문맥상 1~2절과 비교하여 훨씬 더 존경받아야 한다는 뜻입니다.
* 21 한글개역성경에 "더할 것이니라"로, 한글개역개정성경에 "더욱 그리할 것이니라"로 번역된 헬라어 부사 "μάλιστα(말리스타)"는 '특히(especially)', '매우(very much/exceedingly)'라는 뜻으로 '무엇보다도(most of all/above all)'라는 최상급의 의미를 표현하기 위해서도 종종 사용됩니다(참고. 딛 1:10; 벧후 2:10).

모든 것은 피택자들이 구원을 받는 데 효력이 있게 합니다.”(소교리 제88문답: 참고. 대교리 제154문답)

사도 바울은 교회를 **사랑의 공동체**로 소개합니다(1~2절). 그러나 동시에 사랑의 공동체라고 해서 결코 **권위와 질서**가 사라지지 않습니다. 연세 든 어르신과 젊은이 사이에 권위와 질서가 있습니다. 또한, 직분자와 성도 사이에도 사랑과 존경, 권위와 질서가 있습니다. 부모의 권위가 무너진 가정은 무질서합니다. 마찬가지로, 하나님의 새 가족인 교회 역시 참된 권위와 존경이 사라지면 무질서해집니다. 그 결과, 사랑도 점점 식어집니다.

우리는 그런 교회를 잘 알고 있습니다. 고린도교회가 그랬습니다. 그들은 분열하여 싸웠습니다(고전 1:10~12; 11:18~19). 모든 은사에 부족함이 없었으나(고전 1:7), 교인들은 권위와 질서를 업신여긴 채로, 그리고 서로에 대한 존경 없이 은사를 사용했습니다(고린도전서 12~14장). 그러니 이 가족이 식탁에서 올바른 식사(성찬)를 했겠습니까? 부자들은 가난한 자들을 기다리지 않고 성찬을 시행했습니다(고전 11:20~33).[22] 직분자들에 대한 존경이 사라졌습니다(고전 11:1~16; 14:34~35). 도대체 이렇게 권위가 무너지고 무질서한 가족이 어디 있습니까? 하나님의 가족, 그리스도의 몸 된 교회가 찢어질 위기에 있었습니다. 그래서 사도 바울은 이 큰 위기 가운데 있는 고린도교회에 이렇게 명합니다.

"모든 것을 적당하게[23] 하고 질서대로 하라"(고전 14:40)

사랑이 없는 교회는 메마릅니다. 권위와 존경이 사라진 교회는 무질서합니다. 그러나 사랑과 권위와 존경이 회복된 교회는 품위와 질서가 있습니다. 교회는 새 가족입니다.

---

* 22 어떤 이는 이 본문에서 성찬과 애찬을 예리하게 분리하지만, 당대 교회에서 성찬은 자연스럽게 식사를 겸했거나 식사로 이어졌을 것입니다.

* 23 여기서 "적당하게"로 번역된 헬라어 부사 "유스케모노스(εὐσχημόνως)"는 '올바르게(proper)', '품위 있게(decently)'라는 뜻입니다. 한글개역성경에는 "적당하게"로, 한글개역개정성경에는 "품위 있게"로 번역되었습니다.

새 가족인 교회에 가입할 의무: 성도의 교제와 직분자의 돌봄

마지막으로, 교회가 혈통을 초월한 새 가족이 틀림없다면 등록하지 않고 출석만 하는 것이 가능하겠습니까? 정상적인 그리스도인이라면 있을 수 없는 일입니다.

하나님의 가족이라면 예배만 출석할 것이 아니라 성도의 교제를 풍성히 누려야 합니다. 일주일에 단 한 시간 정도, 그것도 별 대화도 없이 ― 예배 후에 악수하거나 인사하는 정도? ― 모이고 헤어진다면 정상적인 가족이라고 할 수 있겠습니까? 누가 어려운 처지에 있는지, 또 누구에게 어떤 좋은 소식이 있는지 서로 알고 함께 기뻐하며 함께 슬퍼해야 마땅하지 않습니까?

> "즐거워하는 자들로 함께 즐거워하고 우는 자들로 함께 울라"(롬 12:15)

웨스트민스터 신앙고백서는 '교회'(제25장)에 대한 고백과 '성례'(제27~29장)와 '교회 권징'(제30장)에 대한 고백 사이에 '성도의 교제'(제26장)를 위치시켰습니다. 이 순서는 하나님의 새 가족인 교회의 지체가 된다는 것은 필연코 '성도의 교제'를 담보하며, '성도의 교제' 없는 '성례'와 '권징'이 존재할 수 없다는 뜻이기도 합니다. 성도의 교제는 가장 먼저 교회의 머리이신 그리스도와 교제하는 것이며, 그와 함께 성도 간에 교제하는 것을 모두 포함하기 때문입니다. 교회에 가입하지 않고서 어떻게 이것이 가능하겠습니까?

"1. 머리이신 그리스도와 성령으로 말미암아 믿음으로 연합하고 있는 모든 성도들은 그리스도의 은혜, 고난, 죽음, 부활과 영광 안에서 그분과 교제한다. 또한 사랑으로 서로 간에도 연합하였기 때문에 서로의 은사와 은혜에도 참여함으로 서로 교제한다. 이들은 공사(公私) 간에 속사람으로나 겉사람으로도 다른 지체들의 선에 서로 이바지해야 하는 의무를 진다.

2. 성도들은 고백으로 서약했으니, 하나님께 드리는 예배나, 상호 덕을 세우기 위해 행하는 여타의 영적 봉사에서, 또한 필요에 따라 힘이 닿는 대로 외적인 짐들을 서로 덜어줌으로써 거룩한 친교와 교제를 계속 유지해야 한다. 이 교제는 하나님께서 기회를

주시는 대로 어느 곳이든 주 예수님의 이름을 부르는 모든 자들에게까지 확장해야 한다.

3. 성도들이 그리스도와 누리는 이 교제가 그들을 어떤 방식으로든 그분의 신격의 실체에 참여하게 하거나, 또 어떤 측면에서든 그리스도와 동등하게 만드는 것도 아니다. 이 두 가지 중 어느 하나라도 긍정하는 것은 불경하고 망령된 일이다. 또한 성도로서 서로 나누는 교제는, 성도 각자가 재산에 대하여 가지는 권리와 소유권을 빼앗지도 않고 침해하지도 않는다."(웨스트민스터 신앙고백서 26:1~3)

또한, 모든 그리스도인은 직분자의 돌봄 아래 있어야 합니다. 그래서 보호도 받고, 때로는 꾸중도 들으면서 점점 자라야 합니다. 설교와 성찬을 통해 영의 양식을 먹고 마셔야 합니다. 집사들을 통해 위로받으며, 물질이 핍절할 때는 구제의 대상이 되어야 합니다. 그럴 때 신앙이 성장합니다. 순교자 귀도 드 브레(Guido de Brès, 1522~1567)[24]

---

*24 16세기 네덜란드의 개혁자 중 한 사람으로 제네바의 칼뱅(John

가 작성한 벨직 신앙고백서가 다음과 같이 진술하는 것도 같은 이유에서입니다.

"우리는 이 거룩한 모임과 회중이 구속받은 자들의 모임이고, 이 모임 밖에는 구원이 없기 때문에 어떤 지위와 자질을 가진 사람이라고 해도, 교회에서 물러가거나 혼자 있는 것으로 만족하지 않아야 함을 믿는다. 모든 사람은 각자 교회의 일치성을 유지하면서, 교회에 가입하고 연합할 의무가 있다. 그들은 자신이 교회의 가르침과 권징에 복종해야 하며, 그 목에 예수 그리스도께서 주시는 멍에를 메고, 하나님께서 같은 몸의 지체인 그들에게 주신 은사에 따라 형제와 자매를 세우는 데 봉사해야 한다.

이것을 더욱 효과적으로 준수하기 위하여 하나님의 말씀에 따라 교회에 속하지 아니한 자들에게서 떠나는 것과 하나님께서 교회를 세우신 곳이 어디이든지 그 모임에

Calvin)과 그의 후계자 베자(Theodore Beza)에게서 배웠습니다. 천주교의 극심한 핍박 가운데 벨직 신앙고백서(1561년)를 작성했으며, 마침내 잡혀 순교했습니다.

가담하는 것이, 모든 신자의 의무이다. 신자들은 통치자나 군주의 칙령이 교회를 반대하고, 죽음이나 육체적 형벌이 뒤따른다고 할지라도, 이 의무를 수행해야 한다.

그러므로 교회에서 떠나거나 교회에 가담하지 않는 사람은 모두 하나님의 법에 반대되는 행동을 하는 것이다."(벨직 신앙고백서 제28항 교회에 가입할 모두의 의무)

교회에 가입하지 않고 출석만 하는 분이 계십니까? 여러분의 신앙생활은 비정상적입니다. 성경의 가르침에서 벗어난 것입니다. 은혜의 방편과 표지가 선명히 드러나는 교회에 가입해야 합니다.

교회에 가입해 있으나, 성도의 교제와 동떨어져 생활하는 분이 계십니까? 예배 중에 성도의 교제를 누리십시오. 주일 공예배 중에 시행하는 설교와 성례와 기도는 교회의 머리이신 그리스도와, 그리고 그분 안에서 한 몸 된 성도와 누리는 교제의 절정입니다. 주중에 성도와 연락하고 만나며, 서로 대화를 나누고 계십니까? 목사, 장로, 집사의 돌봄을 받고 계십니까? 성도의 교제 없는 교회는 존재할 수 없습니다. 성도의 교제 없는 그리스도인은 존재할 수 없습니다.

교회는 하나님의 **새 가족**입니다. 혈통을 초월하여 **믿음으로 하나 된 가족**입니다. 예수 그리스도께서 십자가에서 그분의 보혈로 창조한 **새로운 피조물**입니다. 교회 안에서 우리는 한 분 아버지를 모십니다. 한 분 그리스도를 고백합니다. 성령 공동체로 살아갑니다. 삼위일체 하나님께서는 택하신 자들을 구원하실 뿐 아니라 그들과 함께 거하시고 교제하십니다.

◢ **복습을 위한 질문**

1. 바울서신에 새 가족의 개념이 어떻게 나타나는지 설명해 보십시오.

2. 베드로 서신과 요한 서신에 새 가족의 개념이 어떻게 나타나는지 설명해 보십시오.

3. 가족 간에는 사랑뿐 아니라 무엇도 필요합니까? 왜 그렇습니까?

4. 목사와 장로 직분과 직무가 새 가족인 교회와 어떤 관련이 있습니까? 이 직무가 왜 중요합니까?

5. 새 가족 주제와 관련하여 고린도교회가 안고 있던 문제가 무엇입니까?

6. 모든 그리스도인이 교회에 가입해야 하는 이유를 성도의 교제와 연결하여 설명해 보십시오.

7. 모든 그리스도인이 교회에 가입해야 하는 이유를 직분자의 돌봄
    과 연결하여 설명해 보십시오.

8. 웨스트민스터 신앙고백서는 성도의 교제를 어떻게 설명합니까?

9. 벨직 신앙고백서는 교회에 가입할 의무를 어떻게 설명합니까?

10. 한 걸음 더 교회가 혈통을 초월한 새 가족이라는 관점에서, 집사
    의 직무가 이와 무슨 관련이 있는지 서로 말해보십시오.

11. 한 걸음 더 새 가족인 교회와 관련하여, 자신의 예배 생활, 성도
    의 교제, 직분자에 대한 자세, 그리고 그 외 신앙생활 전반에서
    바뀌어야 할 부분이나 더 성장해야 할 부분이 있다면 서로 말해
    보십시오.

성구색인

성구색인